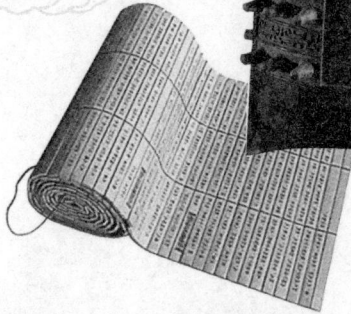

春秋战国——风起云涌

◎ 主编 金开诚

◎ 编著 张利

吉林文史出版社

吉林出版集团有限责任公司

图书在版编目（CIP）数据

春秋战国：风起云涌 / 张利编著 . 一长春：吉林

出版集团有限责任公司：吉林文史出版社，2010.11（2022.1重印）

ISBN 978-7-5463-4142-2

Ⅰ . ①春… Ⅱ . ①张… Ⅲ . ①中国 – 古代史 – 春秋战

国时代 – 通俗读物 Ⅳ . ① K225.09

中国版本图书馆 CIP 数据核字（2010）第 222320 号

春秋战国——风起云涌

CHUNQIU ZHANGUO FENGQI YUNYONG

主编/ 金开诚 编著/张 利

项目负责/崔博华 责任编辑/崔博华 邱 荷

责任校对/邱 荷 装帧设计/李岩冰 于 嵩

出版发行/吉林文史出版社 吉林出版集团有限责任公司

地址/长春市人民大街4646号 邮编/130021

电话/0431-86037503 传真/0431-86037589

印刷/ 三河市金兆印刷装订有限公司

版次/2010 年 11 月第 1 版 2022 年 1 月第 5 次印刷

开本/ 650mm×960mm 1/16

印张/9 字数/ 30千

书号/ ISBN 978-7-5463-4142-2

定价/ 34.80元

编委会

关于《中国文化知识读本》

文化是一种社会现象，是人类物质文明和精神文明有机融合的产物；同时又是一种历史现象，是社会的历史沉积。当今世界，随着经济全球化进程的加快，人们也越来越重视本民族的文化。我们只有加强对本民族文化的继承和创新，才能更好地弘扬民族精神，增强民族凝聚力。历史经验告诉我们，任何一个民族要想屹立于世界民族之林，必须具有自尊、自信、自强的民族意识。文化是维系一个民族生存和发展的强大动力。一个民族的存在依赖文化，文化的解体就是一个民族的消亡。

随着我国综合国力的日益强大，广大民众对重塑民族自尊心和自豪感的愿望日益迫切。作为民族大家庭中的一员，将源远流长、博大精深的中国文化继承并传播给广大群众，特别是青年一代，是我们出版人义不容辞的责任。

《中国文化知识读本》是由吉林出版集团有限责任公司和吉林文史出版社组织国内知名专家学者编写的一套旨在传播中华五千年优秀传统文化，提高全民文化修养的大型知识读本。该书在深入挖掘和整理中华优秀传统文化成果的同时，结合社会发展，注入了时代精神。书中优美生动的文字、简明通俗的语言、图文并茂的形式，把中国文化中的物态文化、制度文化、行为文化、精神文化等知识要点全面展示给读者。点点滴滴的文化知识仿佛繁星，组成了灿烂辉煌的中国文化的天穹。

希望本书能为弘扬中华五千年优秀传统文化、增强各民族团结、构建社会主义和谐社会尽一份绵薄之力，也坚信我们的中华民族一定能够早日实现伟大复兴！

目录

一、政治局势

　　春秋战国是我国历史上重要的时期。春秋战国时期烽烟弥漫，诸侯并起，天下纷争不断，井田制的逐渐瓦解以及铁器的普遍使用，使得土地私有制成为可能。诸侯国势力日益壮大，周天子的统治地位荡然无存。各国的变法都顺应了时代潮流，促进了社会的进步和经济的飞速发展，奠定了封建经济最终确立的基础。思想上出现"百家争鸣"的繁荣局面，文学、艺术方面也多有佳作传世。频繁的战争使得百姓流动性加强，促进了华夏民族的融合，增强了民族凝聚力。

春秋战国时期，诸侯争霸战争破坏了奴隶制的旧秩序，给人民带来了灾难和痛苦。但战争加快了统一进程，促进了民族融合，也加快了变革的步伐。随着新兴地主阶级力量的壮大，他们在各诸侯国先后展开了变法运动，新的封建制度终于建立起来。

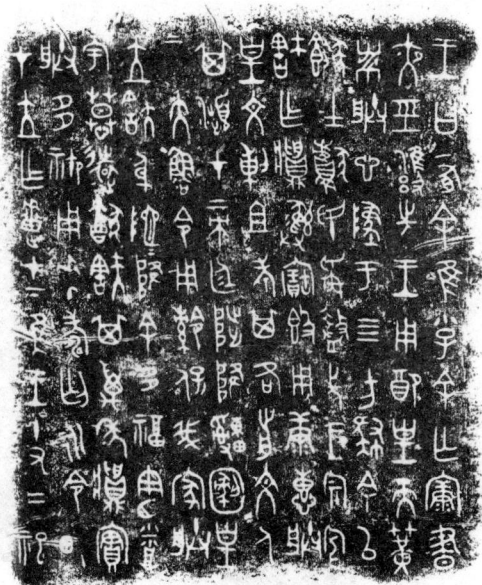

（一）分封制与宗法制

在西周时期，分封制与宗法制是紧密结合在一起的两种政治制度，春秋时期，由于生产力的提高，使得耕作速度明显加快，很大程度上冲击着这两种根本的政治制度。

1.分封制

诸侯争霸战争破坏了奴隶制的旧秩序，但也加快了社会变革的步伐。首先受到冲击的就是传统的分封制。

分封制度萌芽于夏朝，盛行于西周时期，它是国君将田邑赐给宗室臣属作为俸禄的制度。周天子把王族、功臣和先代的贵族分封到各地去做诸侯，建立起诸侯国，一旦被封，世代相传，即实行世袭制。受封的诸侯在封地内不但享有行政统治权，而且拥有对土地和人口的管理权，但受封的诸侯必须对周天子尽一定的义务。各诸侯国的义务是要服从周天子的命令，定期向周天子贡献财物并派兵随从周王作战，接受周王之命，出兵保卫王室或征伐反叛者等，同时对周王的婚丧嫁娶、巡狩等也要尽义务。诸侯国享有的这些权利为日后分封制的继续实行埋下了隐患。周王先后分封的诸侯国有鲁、齐、燕、卫、宋、晋等。

春秋时期，周王室日益衰微，各大诸侯国为争夺土地、人口以及对其他诸侯

国的支配权，不断进行大规模的兼并战争，形成诸侯争霸的局面。公元前651年，齐桓公召集诸侯在葵丘会盟，周襄王派代表参加，盟约的主要内容是：不准壅塞水源；不准因别国灾荒而不卖给粮食；不准更换太子；不准以妾代妻；不准让妇女参与国家大事。这些内容，有些是各国在经济上互相协作的要求，有些是维护宗法统治秩序的需要。这是齐桓公多次召集诸侯会盟中最盛大的一次，通过葵丘的盛会，齐桓公终于达到了联合诸侯、称

霸中原的目的，这也标志着齐桓公的霸业达到顶峰，标志着分封制的崩溃。

分封制体现了"溥天之下，莫非王土；率土之滨，莫非王臣"的天下一统政治局面，各封国具有保卫王畿、保护国君绝对安全的义务，这和西周时期经济发展水平低、政治不平衡、文化差异较大的情形相适应，有一定的进步意义。但是，由于各诸侯国在封地上拥有绝对的统治权而变成了大大小小的独立王国。在一定的条件下，这些王国演变成完全独立

的国家，直接或间接地威胁国君的安全，酿成了列国争霸、互相兼并、国君权力衰微、大权旁落，最后导致完全分裂的政治局面。春秋争霸局面的形成，可以说是分封制发展的必然产物。

2.宗法制

"宗法"是以血缘关系为纽带调整家族内部关系，维护家长、族长的统治地位和世袭特权的行为规范，是一种宗族之法，也称族规。它源于氏族社会末期父系家长制的传统习惯。西周初期，周公"制礼作乐"，把原有的宗族之法系统化，并制定出了一套完整的宗法制度。

宗法制的核心是嫡长子继承制，即正妻所生的长子为法定的王位继承人。我国夏朝时就已确立王位世袭制，但也有"父死子继"和"兄终弟及"的区别。商朝末年完全确立了嫡长子继承制。西周

一开始就确立了"立嫡以长不以贤，立子以贵不以长"的嫡长子继承制，从而进一步完备了宗法制。

西周的宗法制是和分封制紧密结合在一起的。天子按嫡长子继承制世代相传，是天子"大宗"，其他不能继承王位的庶子、次子也是王族，分封为诸侯，他们是从属"大宗"的"小宗"。这些诸侯也是按嫡长子继承的原则世代相传，非嫡长子则由诸侯分封为卿大夫。诸侯对于这些卿大夫来说，又是"大宗"，依此

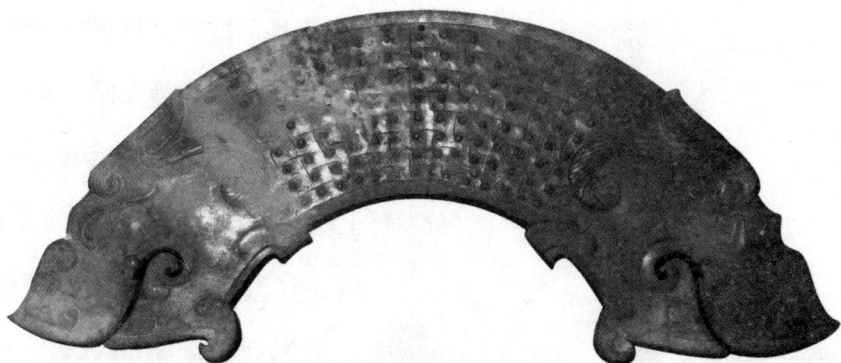

类推。大夫以下又有士，士是贵族阶级的
最底层，不再分封。在这样的情形下，在
全国范围内形成了以天子为根基的宗法
系统。宗法制的目的在于保护奴隶主贵
族的政治特权、爵位和财产权不致分散
或受到削弱，同时也有利于维系统治阶
级内部的秩序，加强对奴隶和平民的统
治。宗法制对后世产生了极大的影响。

（二）变法图强

春秋战国时期各国相继进行的改革，推动着土地制度的不断演变。首先进行变法改革的是魏国。魏文侯即位后，任用李悝进行变法，其主要内容有：一、充分发挥土地的潜力，以提高粮食的产量，增加收入，保障了农业经济的不断发展。二、把爵位赐给有功于国家的人，剥夺无功于国家的人的爵位，这样就打击了旧贵族的势力，维护

新兴地主阶级的政治利益。三、制定《法经》，进一步巩固封建政权，防止和镇压人民群众的反抗斗争，维护剥削阶级的政治和经济利益。经过李悝变法，魏国在战国初期成为最强盛的国家。

继魏改革的是楚国。楚悼王即位后，励精图治，奋发图强，恰在这时，吴起弃魏奔楚，被楚悼王任为宛(今河南南阳)守，不久升任为令尹(相当于其他国家的相)，主持变法。吴起变法的主要内容是：第一，限制封君。吴起取消了分封的宗

室、贵族、外戚、功臣的高官厚禄以及他们世代相袭的特权。规定：凡封君之子孙三世无功，则取消他们的封君之号，不再享有封君的特权。第二，精简机构，裁汰官员，削减官俸，从而提高了行政效率，保证了改革的进行。第三，加强对军队的训练，严格执行赏罚制度，在战争中"进有重赏，退有重刑"。经过上述改革，楚国由弱转强，迅速发展起来，出现了"南平百越，北并陈蔡，却三晋，西伐秦"的强

盛局面，各诸侯国均为之震惊。

战国时期变法改革最彻底的是秦国。公元前359年和前350年，秦孝公先后两次任用商鞅以富国强兵为目的进行变法。两次变法归纳起来主要有以下内容：第一，奖励军功，建立军功爵制，废除世卿世禄制。规定宗室贵族凡没有军功的人，不得列入宗室的属籍；一般百姓立有军功，也可授爵。军功爵共分二十级，

根据军功的大小，授予不同的爵位、官位、田地和服劳役的"庶子"等。军功爵制的推行，提高了士兵作战的积极性，加强了秦国的军事力量，不仅打击了旧贵族势力，也培植了大批军功地主。第二，废井田，开阡陌。所谓"阡陌"，指"井田"中间灌溉的水渠以及与之相应的纵横道路，纵者称"阡"，横者称"陌"。"封疆"就是奴隶主贵族受封井田的界限。"开阡

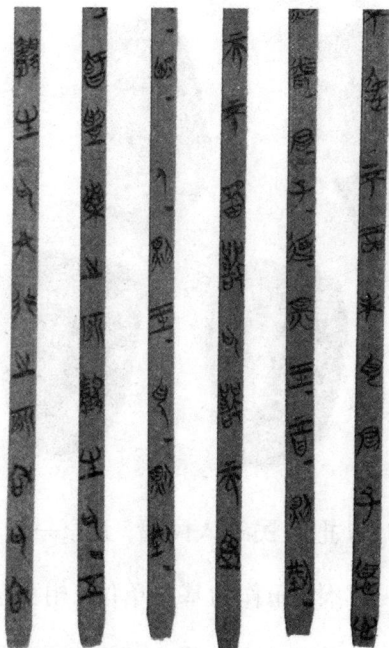

陌封疆"就是把标志土地国有的阡陌封疆去掉,废除奴隶制土地国有制,实行土地私有制。从法律上废除了井田制度。第三,重农抑商,奖励耕织。努力从事耕作纺织者,给予奖赏;从事工商业或懒惰者,没入官府为奴,此举极大地促进了封建小农经济的发展。第四,推行县制,加强中央对地方的控制。将全国划分为三十个县,县设令、丞,由国君直接任免。

把农民编入民籍，五家一伍，十家一什，什、伍作为基层单位，相互监督，奖励告密，一家有罪，九家必须连举告发，若不告发，则十家同罪连坐，从而加强了地主阶级的统治。第五，统一度量衡。商鞅变法前，秦国各地度量衡不统一。为了保证国家的赋税收入，商鞅制造了标准的度量衡器，统一了斗、桶、权、衡、丈、尺等度量衡。要求秦国人必须严格执行，不得违犯。这就使得全国上下有了标准的度量准则，有利于消除地方割据势力的影响，对赋税制和俸禄制的统一产生了积

极作用，同时为人们从事经济、文化交流活动提供了便利的条件。

公元前350年，商鞅将国都由栎阳(今陕西富平)迁至咸阳，以适应向东发展的需要，为进一步实行变法打下了良好的基础。从此秦国日益富强，为后来统一六国的战争开辟了道路。商鞅变法使封建制在秦国得到了巩固和发展，促使了秦国政治、经济、军事的快速发展，使秦国成为战国七雄中实力最强的国家，为统一六国创造了条件。但商鞅变法触犯了一些旧贵族的利益，引起旧贵族的强烈不满，因

此公元前338年秦孝公死后，商鞅被车裂处死。但新法已深入人心，不可动摇。

齐国在齐威王时，任用邹忌为相进行改革。邹忌广开言路，整顿吏治，在国都临淄设立稷下学宫，招揽各国人才，著书立说，为齐国所用，重视武备建设，任用孙膑为军师，负责训练军队，先后在桂陵、马陵打败魏军，齐国军威大振。齐国还派兵击败赵、魏、卫等国，收复了被侵占的土地，成为东方强国。

赵国在赵武灵王时，内政与其他中原国家有很大的不同。其他中原国家的内政矛盾主要体现在宗室贵族与多为地

主、自耕农出身的军功贵族之间的矛盾，
而赵国的内政矛盾则体现为华夏族大臣
与有戎狄背景的外族大臣之间的矛盾。
两派之间的矛盾往往都是由于华夏族
的大臣蔑视、排挤戎狄族大臣而
引起的。在赵武灵王之
前，赵国曾发生多起
争立国君的政变，
其频繁程度为当时
各国之最。因此赵
武灵王决定改革
军制，推行胡服
骑射，即模仿
游 牧 民 族

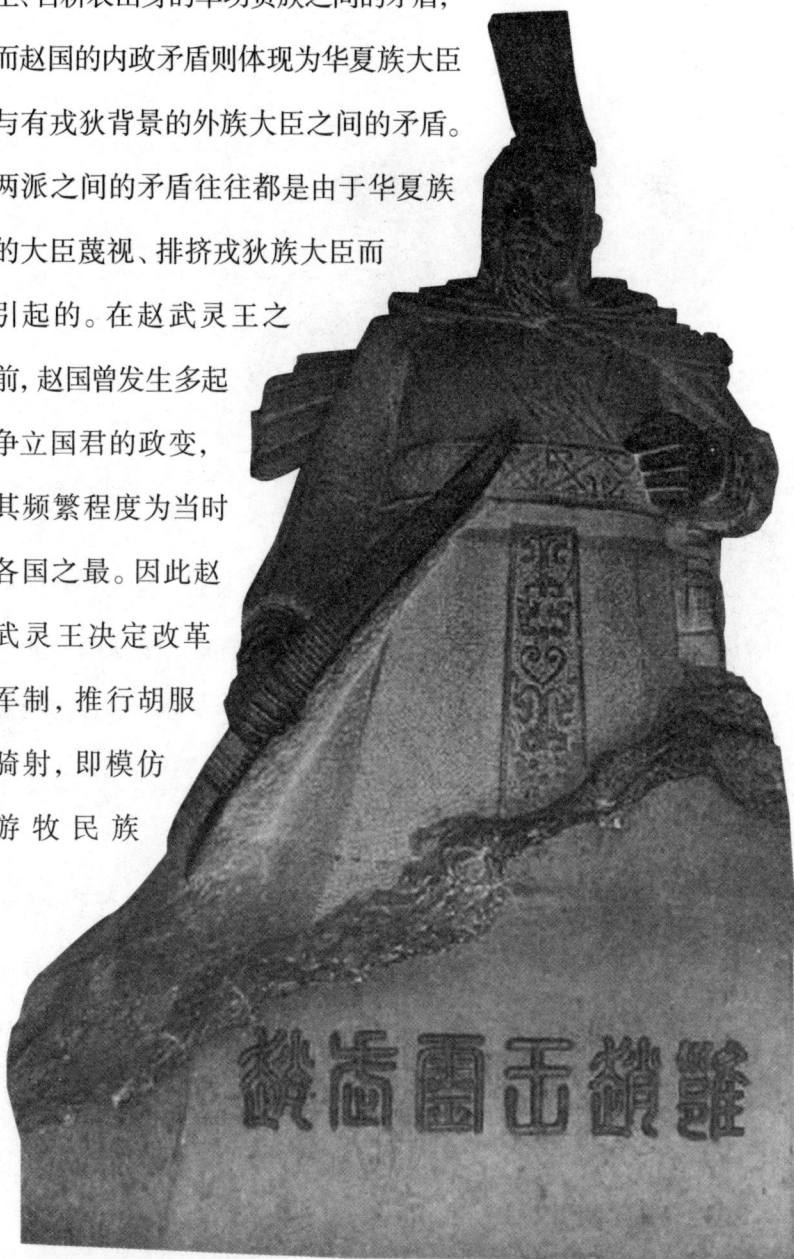

骑兵的训练方式和装备，组建一支能够独立作战的轻骑兵部队，使赵国的武装力量迅速壮大。赵武灵王主动打破华夏贵、戎狄卑的传统观念，这种勇气在中原各国中是十分罕见的。

此外，韩国和燕国也都进行了一定程度的变革，如韩国韩昭侯继位时，颇具雄心，任用申不害为相主持变法。燕王哙任子之为相进行改革，但因个人能力、国力等多方面原因，改革的成效不如上述几个国家。

从公元前5世纪中叶，魏文侯任用李悝变法开始，到公元前4世纪中叶秦孝公用商鞅变法止，各国变法持续了百余年，新旧势力的斗争异常激烈，变法清除了领主制的残余势力，巩固了新兴的封建地主制生产关系和封建地主阶级政权。战国时期的变法具有一定的共性但又各有其个性，各国变法都废除了旧制，整顿吏治，限制贵族特权，都注重奖励耕战和农业生产，极力发展封建经济。但各国又都根据本国的实际情况有所侧重，变法的程度也不尽相同。但各国的变法都顺应了时代潮流，促进了社会进步，奠定了封建经济最终确立的基础。

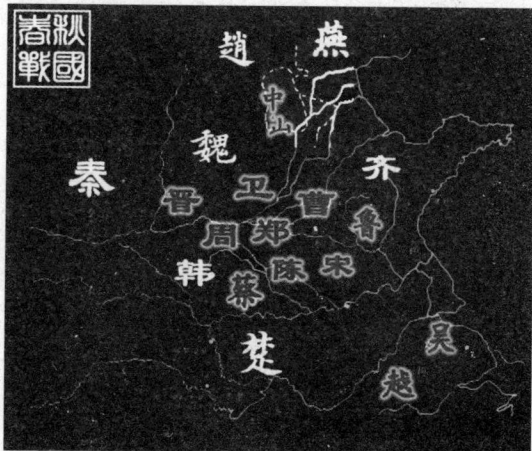

二、经济发展

　　春秋战国时期，铁器的使用和牛耕的推广，标志着社会生产力的显著提高。我国的封建经济得到了进一步发展，其中北方成就尤为突出。生产力的飞跃发展引起了生产关系的革命。春秋战国时期，井田制（公田）逐渐为封建土地私有制所取代，并最终通过各国变法确立了下来。农业、手工业得到了进一步发展，新兴的商业城市不断涌现。

（一）井田制的瓦解和私有制的产生

井田制的逐渐崩溃和土地私有制的迅速发展，是春秋战国时期土地制度改革的两个重要方面，它们之间存在着此消彼长的关系。

1.井田制逐渐瓦解

井田制是我国古代社会的土地国有制度，西周时盛行。所谓"井田"，就是具

有一定规划、亩积和疆界的方块田。长、宽各百步的方田叫一"田"，一田的亩积为百亩，作为一"夫"，即一个劳动力耕种的土地。井田规划各地区不一致。有些地方采用十进制，有些地方则以九块方田叫一"井"。把九块方田摆在一起，恰好是一个"井"字形，井田的名称就是这样来的。周朝实行井田制，既作为诸侯百官的俸禄等级单位，又作为控制奴隶的计算单位。井田制下的土地一律不准买卖，只

能由同姓依照嫡庶的宗法关系去继承。耕种井田的农业奴隶也随着土地隶属于奴隶主阶级所有，终生不得离开土地。

西周的各级统治者把井田分为三类。他们把位于河流附近、背山向阳的平展土地成千块、上万块地留给自己，叫"公田"。因为公田的面积很大，所以也叫"大田"，驱使奴隶集体耕种。距离城市较近的郊区土地，以田为单位分给和

统治者同族的普通劳动者耕种。这部分人因为住在"国"(即城市)里,叫"国人"。国人不负担租税只负担军赋和兵役。这部分人是奴隶社会里的普通平民,他们表面上不受剥削,是自食其力的劳动者。但是,奴隶社会的掠夺战争是十分频繁的,他们经常被征调去打仗,自己家里的田园都荒芜了,大多数都破产负债。打了胜仗,掠夺来的土地和财富全归统治者

所有；打了败仗，还有被俘沦为奴隶的危险，困苦不堪。奴隶主把距离城市较远、土质贫瘠的坏田，分给住在野外的庶人。庶人因住在野外，所以也叫"野人"，奴隶主阶级瞧不起他们，认为他们最愚蠢，所以也管他们叫"氓"。庶人没有任何权利，只有给奴隶主耕种井田和服其他杂役的义务。他们每年要先在奴隶主的大田上劳动，然后才准许去耕种自己作为维持最低生活水准的那一小块土地。

在长期饱受奴役的情况下，公元前
841年，发生了一次具有重大历史意义的
革命事件，西周都城镐京的"国人"发动
暴动，赶走了周厉王，成为西周衰落的转
折点，也是我国历史上有确切纪年的开
始。西周的衰落，标志着井田制逐步走向
瓦解。

2.私有制的迅速发展

井田制在变革中彻底被废除了，伴随
而来的是封建土地所有制的建立及飞速

发展，推动了土地制度的极大变革。促使井田制迅速瓦解的一个最重要的原因就是土地私有制的迅速发展。早在西周中期，就有个别贵族为了额外榨取庶民的剩余劳动，强迫庶民开垦井田以外的空地。这样开垦出来的田地，不可能是方方正正的，也不可能有一定的亩积，这种瞒着公室、不缴纳赋税的私有土地，叫做私田。到西周末期，私田的存在已相当普遍。开辟和耕种私田，需要大批劳动力，而用奴隶制的办法已不能调动生产者的劳动积极性。于是，一些顺应新形势的贵族为了调配劳动人手，便改变剥削方式，如向民众征赋税使小斗，把粮食贷给民众用大斗；采取扩大地亩，而不增税额的办法，收买民心。这样，奴隶们纷纷从公室逃往私门，封建依附关系产生了。存在于这种封建依附关系下的奴隶，虽然他们的身份还不是自由的，却不同于庶民。他们可以占有少量的生产资料，独立经营农业和与农业有关的家庭副业，他们已经是封建农民的前驱了。奴隶的逃亡，

使一些国家的公田变成了荒原，井田制再也维持不下去了。公元前594，鲁国实行"初税亩"，正式废除井田制，承认私田的合法性。

（1）私田产生

从考古发掘出的文献资料可以推断，铁器的使用始于西周中晚期。春秋时期铁器使用比较广泛，到战国时期，铁农具的使用已经相当普遍，其坚硬与锋利程度标志着我国铁器时代的到来。

春秋战国时期，牛耕已经非常普遍了，耕作效率大大提高，这是我国农业技术史上的一次伟大的动力革命，意义重大。

较多地使用铁农具和牛耕的推广，极大地提高了生产力，许多荒地被开垦为良田，耕作技术由粗放转向精耕细作，农业产量大增。私田数量的急剧增加，宣告了井田制的崩溃，土地关系向私有化发展。诸侯不得不陆续实行改革，承认土地私有，允许土地买卖，向土地所有者征收田税，自耕农的生产积极性高涨。

（2）结果及实质

私田的出现宣告了井田制的瓦解，耕种奴隶转变为封建农民，私田主人成为封建地主。封建土地所有制的剥削方式产生，让劳动者交出大部分产品，可保留一部分生活用品。私田出现的实质就是生产力的发展导致生产关系的变革。

(二) 新的赋税制度出现

春秋时期的财政改革，首先在齐国进行。齐国是东方的一个大国。周庄王十二年(公元前685年)，齐桓公即位，任用管仲改革内政。其中，在田制、田赋方面实行相地衰征，即根据土地好坏或远近分成若干等级，按等级征收田赋(土地税)。由于税赋大体均等，从而调动了生产积极性，也有利于缓和阶级矛盾。

齐国改革财政的同时，晋国也进行了改革。晋惠公六年（公元前645年）秦晋之间发生战争，晋惠公被俘。晋国在大臣的主持下"作爰田"，即把休耕地卖给大家，以获得民众的欢心，争取有更多的人服军役。这种办法，开创了以后按军功赐予田宅的先例。

鲁宣公十五年（公元前594年），鲁国正式推翻过去按井田征收赋税的旧制度，改行"初税亩"。初，是开始的意思；税亩，就是按照土地亩数对土地征税。即不分公田、私田，凡占有土地者均须按亩交纳土地税。井田之外的私田，从此也开始纳税。这是三代以来第一次承认私田的合法性，是一个很大的变化。

上述这些改革充分说明奴隶社会的赋税制度已不适应社会生产力发展的需要，它在各国已

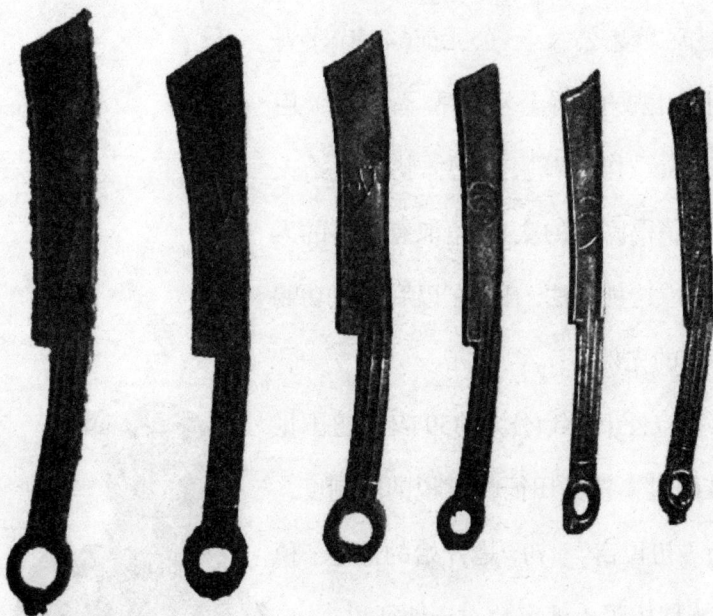

经开始崩溃。随着新的封建生产关系的形成，一种新的、适合封建生产关系需要的国家赋税制度开始形成。

（三）商品经济的发达

1.青铜铸造工艺：青铜器上的雕镂纹饰趋向细致工整，造型轻巧灵便，出现了错金铭文。存世的吴、越青铜剑，其冶铸

淬炼之精、合金技术之巧、外镀之精良、花纹之铸造，皆世所罕见。从出土文物看，春秋时期最著名的是莲鹤方壶。

2.冶铸业：中国最迟在战国早期已创造铸铁柔化处理技术，已能把生铁铸件经过柔化处理变为可锻铸铁(即韧性铸铁)，这又早于欧洲两千三百多年，欧洲要迟至封建社会末期才开始应用这种技术。当时我国由于生铁冶铸技术的发明，

铁的生产率大为提高；又由于铸铁柔化处理技术的创造，使得白口铁铸造的工具变为韧性铸铁，大大提高了工具的机械性能。冶铁技术得到高度发展，表明当时生产力水平很高，这就可能引起生产关系的变革，促使封建社会较早地形成。

3.漆工艺：春秋战国以后，漆器工艺日益繁荣。春秋时期的漆器开始使用金属附件，并有镶嵌金贝和压花金箔的作品。战国时期数量大增，发现地域广泛，

最多的是河南、湖南、湖北地区的楚国漆器和四川青川等地战国晚期的秦国漆器。

4.纺织业：麻布纤维相当细密。

5.煮盐业：山西的池盐、山东的海盐、四川的井盐。

6.酿酒业：用曲造酒，"曲"就是我们现在说的酒曲，是指专门用于蒸馏酒酿造的麦曲。

（四）商业城市涌现

春秋战国时期，由于商品经济的发展，商业城市大批涌现，其中最为著名的当属齐国的临淄、楚国的郢和赵国的邯郸。

（五）水利工程的兴修

1.芍陂

春秋时期楚相孙叔敖修的芍陂，是我国最早的蓄水灌溉工程。因水流经过

芍亭而得名。工程在安丰城（今安徽省寿

县境内）附近，位于大别山的北麓余脉，

东、南、西三面地势较高，北面地势低

洼，向淮河倾斜。每逢夏秋雨季，山洪暴

发，形成涝灾；雨少时又常常出现旱灾。

当时这里是楚国北疆的农业区，粮食生

产的丰歉，对当地的军需民用影响极大。

孙叔敖根据当地的地形特点，组织当地

人民修建工程，将东面的积石山、东南面

龙池山和西面六安龙穴山流下来的溪水汇集于低洼的芍陂之中。修建五个水门，以石质闸门控制水量，水位上涨时就开闸疏导，水位下降时就关闸蓄水，这样不仅天旱有水灌田，又避免了水多洪涝成灾。后来又在西南开了一道子午渠，上通淠河，扩大芍陂的灌溉水源，使芍陂达到"灌田万顷"的规模。

2.西门豹渠

战国初期的魏国西门豹渠，由西门豹

主持兴建，也称"引漳十二渠"，是中国最早的多首制灌溉工程。战国时期魏国邺城的漳河经常发生水灾，吞没庄稼，冲毁房屋，当地百姓不堪其苦。邺城在当时也是一个重要的军事要地，于是魏文侯就派西门豹去做邺令。西门豹来到邺城，目睹一片荒凉，内心十分难过。在经过详细的询问调查之后，西门豹发动人民开凿了十二条渠道，引河水灌溉农田，成功消除了水灾。漳水十二渠是我国多首制引水工

程的创始，"多首"是指从多处引水，所以渠首也有多个。"十二渠"即修筑十二个渠首引水。漳水是多沙河流，多首引水正是为适应这种特点而创造的。多沙河流因泥沙的淤积变化，常使主流摆动迁徙，不能与渠口相对应，无法引水，多设引水口门，就可以避免这样的弊端。另外，如果一条或一组引水渠淤浅了，还可以用另一条或另一组引水渠来引水清淤。漳水渠设计合理，不但有引灌、洗碱、泄洪的作用，而且易于清淤修护，反映出当时农田灌溉方式的进步。直到汉初，漳水渠仍有很好的灌溉功效。

3.都江堰

都江堰建于公元前256年，是战国时期秦国蜀郡太守李冰及其子率众修建的一座大型水利工程，是全世界至今为止，年代最久、唯一留存、以无坝引水为特征的宏大水利工程。两千二百多年来，始终

发挥巨大效益，实为文明世界的伟大杰作。成都平原之所以能够如此富饶，被人们称为"天府之国"，从根本上说，是李冰创建都江堰的结果。都江堰水利工程由创建时的鱼嘴分水堤、飞沙堰溢洪道、宝瓶口引水口三大主体工程和百丈堤、人字堤等附属工程构成。科学地解决了江水自动分流、自动排沙、控制进水流量等问题，消除了水患，造福于百姓。

4.郑国渠

水工郑国在秦修的郑国渠。郑国渠是最早在关中建设的大型水利工程, 战国末年在秦国穿凿, 秦始皇元年(公元前246年)由韩国水工郑国主持兴建, 约十年后完工。位于今天的泾阳县西北25公里的泾河北岸。它西引泾水东注洛水, 长达三百余里(灌溉面积号称4万顷)。泾河从陕西北部群山中冲出, 流至礼泉就进入关中平原。郑国渠充分利用了关中平原西北高、东南低的地形特点, 在礼泉县东北的谷口开始修干渠，使干渠沿北面山脚向东伸展，很自然地把干渠分布在灌溉区最高地带，不仅最大限度地控制灌溉面积，而且形成了全部自流灌溉系统，可灌田四万余顷。郑国渠开凿以来，由于泥沙淤积，干渠首部逐渐填高，水流不能入渠，历代以来在谷口地方不断改变河水入渠处，但谷口以下的干渠渠道始终不变。郑国渠的作用不仅仅在于它发挥灌溉效益一百余年，而且还在于它首开了引泾灌溉之先河，对后世引泾灌溉有着深远的影响。

　　由此可见，春秋时期的经济是空前繁荣的，其原因归结起来主要有以下几个方面：第一，新的社会制度的确立推动了社会经济的发展。第二，统治者励精图治，不断锐意创新，调整统治政策，制定并实行发展经济的奖励措施。第三，民族融合的趋势加强。第四，农耕工具和耕作技术的改进、水利工程的兴修都带动了经济的发展。综上所述，春秋战国时期经济的快速发展，为秦朝的建立奠定了坚实的经济基础。

三、群雄争霸

（一）春秋五霸

从公元前770年到前476年，历史上
称为春秋时代。在这二百九十多年间，烽
烟四起，战火连天。春秋初期诸侯列国
共一百四十多个，经过连年兼并，到后来
只剩下较大的几个。这些大国之间还互
相攻伐，争夺霸权。历史上把先后称霸
的这五个诸侯叫做"春秋五霸"，即齐桓

公、宋襄公、晋文公、秦穆公和楚庄王。另一种说法是齐桓公、晋文公、楚庄王、吴王阖闾、越王勾践。到春秋时期，周王室的地位下降，"礼乐征伐由天子出"转为"礼乐征伐由诸侯出"，诸侯的势力越来越强大，周天子越来越依附于这些强大的诸侯，于是强大的诸侯迫使其他各国承认其霸主的地位。

1.齐桓公称霸

齐襄公死后，公子小白继位，是为齐桓公。齐桓公励精图治，锐意进取，任用管仲为相，进行全方位的改革。提出"尊王攘夷"的口号。"尊王攘夷"，就是尊重周朝王室，承认周天子的共同领袖的地位，联合各诸侯国，共同抵御戎、狄等部族对中原的侵扰。"尊王"在当时是一面"正义"旗帜，在此旗号下，齐国打败山戎，保护燕国；击退楚国，保护中原，在诸侯国中威望大增。齐国借"尊王"之名，行争霸之实。

齐桓公能够率先称霸的原因，首先是齐国背山面海，是

东方的一个大国,有丰富的鱼、盐和矿藏资源,为其争霸提供了有利的自然条件和经济条件。其次,齐国任用管仲为相,改革内政,提倡节俭,发展生产,改革军制。这是齐桓公称霸成功的根本原因。第三,齐国采取灵活务实的外交政策,积极开展对外活动。公元前651年,齐桓公在葵丘(今河南兰考)召集诸侯会盟,当时周天子也派代表参加,表示认可,齐桓公正式确立了自己的霸主地位。

2.晋楚争霸

　　接着称霸的是晋文公。公元前633年，楚成王率领楚、郑、陈等国军队围攻宋国都城商丘（今河南商丘县南），宋国派人到晋国求救。晋文公采纳了部下的正确意见，争取了齐国和秦国参战，壮大了自己的力量。而后，又改善了同曹、卫的关系，孤立了楚国。这时，楚国令尹（官名）子玉大怒，发兵进攻晋军。

　　晋文公为了避开楚军的锋芒，以便选择战机，命令部队向后撤退九十里。古代军队行军三十里叫做一舍，九十里就是三

舍。晋军"退避三舍"，后撤到卫国的城濮（山东省）。城濮离晋国比较近，补给供应很方便，又便于会合齐、秦、宋等盟国军队，集中兵力。公元前632年，晋楚两军开始决战。晋军诱敌深入，楚军陷入重围，全部被歼。城濮之战创造了在军事上先退让一步，后发制人的先例。此后，晋文公请来周襄王，在践土（今河南广武）

和诸侯会盟。周天子册封晋文公为"侯伯"（诸侯之长），并赏赐他黑红两色弓箭，表示允许他有权自由征伐。晋文公从此成为中原霸主。

3.楚庄王称霸

在齐国称霸时，楚国因受齐国抑制停止北进，转而向东吞并了一些小国，国力逐渐强盛。齐国衰落后，楚国便向北扩张与晋国争霸。公元前598年，楚庄王率军在邲（今河南郑州）与晋军大战，打败晋军。中原各国背晋向楚，楚庄王又成为中原霸主。

4.吴越争霸、秦霸西戎

吴国、越国相继强大，争霸于东南。公元前494年，吴王夫差进攻越国，围困越王勾践于会稽（今浙江绍兴），迫使越国屈服。接着又打败齐军。公元前482年，在黄池（今河南封丘附近）与诸

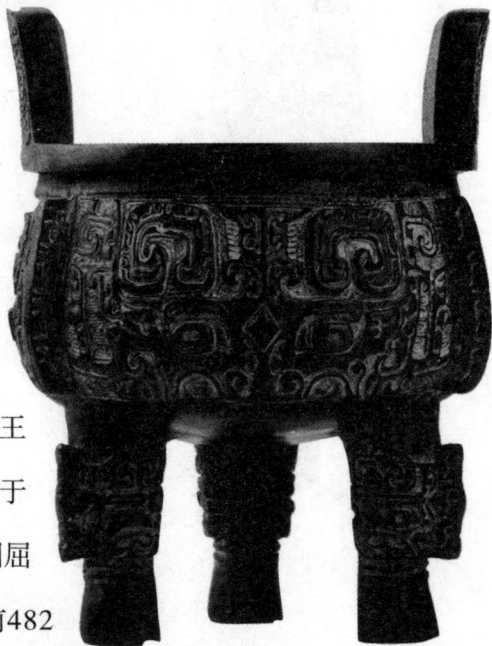

侯会盟，争得了霸权。越王勾践自被吴国打败后，卧薪尝胆，立志报仇，经过几十年努力，转弱为强，灭了吴国。勾践乘势北进，与齐、晋等诸侯会盟于徐（今山东滕州），成为霸主。晋国称霸的时候，西部的秦国也强大起来。秦穆公企图向东争霸中原，但由于向东的通路为晋所阻，便向西吞并十几个小国，在函谷关以西一带称霸，史称"称霸西戎"。

诸侯大国争霸，说明了周朝王权的削弱。自公元前770年平王东迁洛邑（今河南省洛阳市）以后，周朝王室更加衰微。从前是天子统帅诸侯，"礼乐征伐自天子出"。现在这些权力都落到诸侯手里，新兴地主阶级纷纷起来夺权。周朝奴隶制处于"礼坏乐崩"的境地。

各诸侯国的统治者为了扩大地盘，掠夺人口和财富，相互争战，故有"春秋

无义战"之说。争霸战争给广大人民带来深重的苦难，人民怨恨战争，渴望统一。但争霸战争的客观后果是大国拓展了疆域，实现了区域性的统一，加强了集权的趋势，加快了统一的步伐。同时又不同程度地削弱了奴隶主集团的势力，便利了新兴地主阶级的发展。战争又客观上促使华夏族同其他各族加强接触，促进了民族融合。

(二)战国七雄

当秦始皇的先祖正在积极改革,大力发展秦国经济之时,与它相邻的超级大国晋国正在悄悄发生着分化。到公元前403年,曾经称霸中原数年之久的晋国分裂成了韩、赵、魏三国,史称"三家分晋"。"三家分晋"在历史上具有非同寻常的历史意义,它被看做由春秋时代进入战国时代的标志性事件。也就是说从公元前403年开始，历史从此进入了战国时代。就在晋国衰落之际，秦国已经慢慢成为一个大诸侯国。

三家分晋是指春秋末年，晋国被韩、赵、魏三家瓜分的事件。一向被称为中原霸主的晋国，到了春秋末期，国君的权力也衰落了，实权由六家大夫把持。他们各有各的地盘和武装，互相攻打。后来有两家被打散了，还剩下智家、赵家、韩家、魏家。这四家中，又以智家的势力最大。后在相互的征讨中，赵、韩、魏三家灭了

智家，不但把智伯瑶侵占两家的土地收了回来，连智家的土地也由三家平分。以后，他们又把晋国留下的其他土地也瓜分了。公元前403年，韩、赵、魏三家打发使者上洛邑去见周威烈王，要求周天子把他们三家封为诸侯。周威烈王就把三家正式封为诸侯。至此，韩（都城在今河南禹县，后迁至今河南新郑）、赵（都城在今山西太原东南，后迁至今河北邯郸）、魏（都城在今山西夏县西北，后迁至今河南开封）都成为中原大国，加上秦、齐、楚、燕四个大国，历史上称为"战国七雄"。

春秋战国时期，诸侯割据纷争，但这其中又孕育着统一的必然趋势，民族融合的趋势大大加强。这主要是因为：第一，从经济条件来说，由于春秋以来生产力的提高，社会经济迅速发展，各地的经济联系在一定程度上加强，四方的物产都运到中原地区进行交换，这给统一提供了必要的经济基础。第二，人们渴望统一，农民厌恶割据和混战带来的负担和苦难；工商业者因混战割据限制其发展而要求统一；地主阶级希望建立一个强有力的中央集权的封建国家以保护封建

地主经济的发展，统一成为全社会的共同愿望。第三，从民族关系上说，经过春秋战国长期的民族交往和融合，华夏民族形成了一个相当稳定的民族，具有较强的凝聚力。第四，经过长期的争霸战争和兼并战争，大国吞并小国，弱肉强食，改变了大国之间的均势，诸侯国数目减少，形成了区域性的稳定和局部的统一，为大一统提供了条件。所以说春秋战国时期孕育着大一统的必然趋势，为秦王朝的建立奠定了坚实的基础。

四、思想文化的繁荣

春秋战国时期，文化空前繁荣，主要表现在思想、文学、艺术、天文物理和医学等方面。

（一）思想

1.儒学大师孔子

孔子（前551—前479），名丘，字仲尼，春秋末期鲁国人，我国古代伟大的教育家、政治家和思想家,儒家学派的创始人。

（1）《论语》。《论语》是记录孔子及其弟子言行的书,共20篇,孔子的思想精华都集中呈现于《论语》一书中。《论语》以对话文体为主,语言简洁精练,至今仍被世人视为至理。

（2）在孔子的诸多思想中,"仁"是孔子思想的核心。孔子对仁有许多解释,如"仁者,爱人""已所不欲,勿施于人",

他主张以爱人之心调解和协调社会人际关系。在教育思想方面，孔子主张"有教无类"，即受教育者不应分贵贱、贤愚，应该机会均等。这一思想打破了教育的等级界限，扩大了教育对象，使教育范围扩展到广大平民，打破了官府教育一统天下，只允许贵族垄断文化教育的局面，为教育的传播和普及奠定了基础，这在当时无疑具有重大的进步意义。在教育方法上，孔子主张"因材施教"，对不同的学

生采取不同的教育方法，这种循循善诱的启发式教育在我国教育史上具有重要地位。教学内容上，孔子长期从事教育工作，以"五经"作为基本内容，又融入自己的教学思想，内容十分广泛。

2.哲学大师老子

老子（约前600—前470），姓李名耳，字伯阳，楚国苦县（今河南周口鹿邑县）人，是我国古代伟大的哲学家和思想家，道家学派创始人。老子又名老聃，相传他一生下来就是白眉毛白胡子，所以

被称为老子；老子生活在春秋时期，著有《道德经》。《道德经》含有丰富的辩证法思想，老子也因其深邃的哲学思想而被尊为"中国哲学之父"。

老子主张"无为"，即清净自守之义，通过对"道"的潜心修身达到"合乎道"的理想境界。老子的政治境界是"邻国相望，鸡犬之声相闻，民至老死不相往来"，即我们常说的"小国寡民"。老子用"道"解释宇宙万物的演变，认为"道生

一,一生二,二生三,三生万物","道"即为客观规律,同时具有独立不改的永恒意义。老子的学说对中国哲学发展具有深刻影响,其内容主要见《老子》这本书。他的哲学思想和由他创立的道家学派,不仅对我国古代思想文化的发展作出了重要贡献,而且对我国思想文化的发展产生了深远的影响。

3.法家大师韩非子

韩非(约前281—前233),战国晚期韩国人,是中国古代著名的哲学家、思想家和散文家,法家思想的集大成者,世称

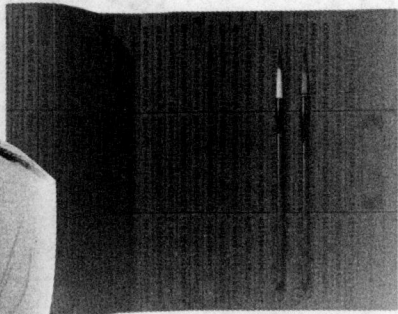

"韩非子"。韩非原为韩国贵族，与李斯同师荀卿。韩非口吃，但他善于写作，且继承和发展了荀子的法术思想，同时又吸取了他以前的法家学说，比较各国变法得失，提出"以法为主"，法、术、势结合的理论，集法家思想之大成。著有《孤愤》《五蠹》等一系列文章，这些作品后来集为《韩非子》一书。

4.墨家大师墨子

墨子（约前468—前376），名翟，今河南省平顶山市人，是我国战国时期著名的思想家，墨家学派的创始人，著有《墨子》一书，影响极为深远，与儒家并称"显学"。

墨子创立了墨家学说，主张"兼爱""非攻"，这是墨子思想的

核心。墨子认为天下之所以存在强欺弱、富侮贫、贵傲贱的现象，是因天下人不相爱所致，因此提倡君臣、父子、兄弟都要在平等的基础上互敬互爱。

墨子主张尚同尚贤。尚同是要求百姓与天子皆上同于天志，上下一心，实行义政。尚贤则包括选举贤者为官吏，选举贤者为天子国君。墨子认为，国君必须选举国中贤者，而百姓理应在公共行政上对国君有所服从。墨子要求上面了解下情，

因为只有这样才能赏善罚暴。墨子把尚贤看得很重，认为这是政事之本。他特别反对君主用骨肉之亲，对于贤者则不拘出身，提出"官无常贵，民无终贱"的主张，对后世乃至现在都具有不可忽视的指导作用。墨子提倡节葬，认为君主、贵族都应该清廉俭朴，墨子在这方面也是身体力行。

5.兵家大师孙子

孙子，名武，字长卿，春秋末期齐国乐安（今山东惠民县）人。所著《孙子兵法》，总结了春秋末期以及以前的战争经验，总结了若干有科学价值的作战指导原则，首次揭示了比较系统的战略战术原则与"知己知彼，百战百胜"的战争规律，讲求合理用兵，灵活主动，出奇制胜，既要

沉着冷静，又要勇猛果断。在地形、侦察以及军队纪律和教育各方面，也提出一些重要原则。在中国乃至世界军事史上都是一部不朽的军事著作。

（二）文学

1.《诗经》

《诗经》是我国第一部诗歌总集，共305篇。最初称《诗》，被汉代儒者奉为经典，乃称《诗经》，也称《诗三百》。《诗

经》里的内容，就其原来性质而言，是歌曲的歌词，绝大部分是西周至春秋中叶的诗歌。《诗经》分为风、雅、颂三部分。风包括十五国风，大部分是黄河流域的民间乐歌；雅分为《大雅》和《小雅》，是宫廷乐歌；颂一共40篇，是宗庙用于祭祀的乐歌和舞歌。《诗经》不仅是最早的诗歌总集，而且也是一部反映当时社会面貌的百科全书。《诗经》开创了我国古代诗歌创作的现实主义传统，是我国"现实主义"诗歌传统的源头及代表作，对我国文学的发展有深刻影响，在中国文化史和世界文化史上都占有重要地位。

2.屈原和《离骚》

屈原，（约前340—约前278），战国末期楚国人，中国最伟大的浪漫主义诗人之一，我国著名诗人和伟大的政治家，在我国文学史上占有崇高的地位，也是世界文化名人之一。屈原采用楚国方言，利用民歌的形式，开创了诗歌新体裁——"楚辞"。

《离骚》是屈原的代表作，也是屈原作品中最长的一首叙事诗，共373句，诗

人把深厚真挚的感情和丰富的想象融入作品中，叙述了自己为实现政治主张所遭受的打击和迫害，深刻表达了自己内心的痛苦以及对楚国和楚国人民的忠贞和热爱。楚国兵败城破，诗人精神上受到了极大的打击，眼看国破之难，却又无法施展自己的力量，他忧心如焚，在极端失望和痛苦中，诗人来到了长江东边的汨罗江，抱石自沉。据传五月初五屈原投江之后，一直为江中蛟龙所困，百姓无不为之动容，故每年的这一天必定会向江中投下缠绕五色丝线的粽子，以驱赶蛟龙。这也就

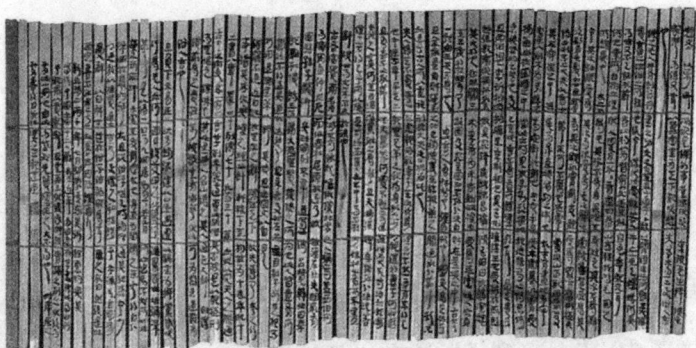

是我们每年"端午节"吃粽子的由来。

3.诸子散文

所谓"诸子",是指春秋战国时期诸家学派的代表人物。春秋战国时期主要学派有：儒家，代表人物是孔丘、孟轲、荀子；墨家，代表人物是墨翟、宋钘；法家，代表人物是商鞅、韩非；道家，代表人物是老聃、庄周；农家，代表人物是许行、陈相；名家，代表人物是公孙龙；杂家，代表人物是吕不韦；纵横家，代表人物是苏秦、张仪；此外，还有阴阳家、小说家。

诸子的代表作品有《论语》《孟子》《荀子》《墨子》《老子》《庄子》《韩非子》等。

先秦诸子的文章各有特色，在文学史上影响最大的是孟子和庄子。孟子的文风以刚柔相济的辩证见长，在议论文中善于运用比喻。庄子的散文文字优美，想象丰富。他的代表作有《逍遥游》《秋水》等，都是古代文学作品中的名篇，对后世文学的发展有深刻影响，在中国文学史上占有重要地位。

(三) 艺术的发展

1.绘画

春秋战国时，绘画已成为一门独立的艺术。长沙楚国遗址出土的《妇女凤鸟图》和《御龙图》是我国现存最古老的帛画，也可佐证当时绘画艺术的精湛。

2.音乐

我国古代的宫廷音乐素来以宏大的

规模和雄伟的气魄著称于世。春秋时期，王室独占音乐文化的局面已经一去不返，各国乐师适应各诸侯国统治者的享乐需要，开拓出一个较之前代更大发展、范围更加广阔的音乐天地。乐器的种类也是多种多样，有钟、磬、鼓、瑟、竽、排箫等。湖北随州出土的整套青铜编钟，四川成都出土的战国青铜器"嵌错赏功宴乐铜壶"，是我国古代音乐艺术的瑰宝，说明春秋战国时期我国音乐已达到很高的水平。

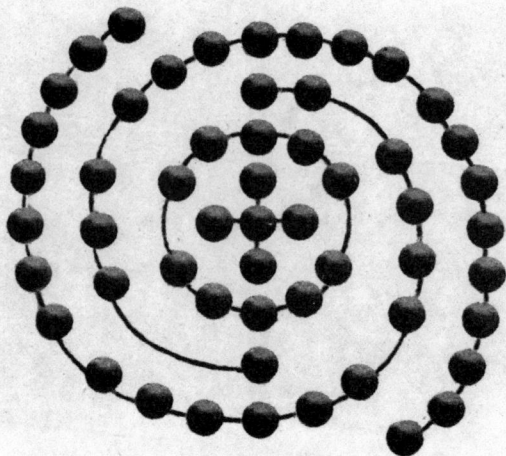

(四)天文和物理

1.天文

春秋战国时期，天文学取得了相当高的成就。鲁国的天文学家在对天象的观测中，观测到37次日食，其中33次已经被证明是可靠的。现在世人通称的哈雷彗星，早在公元前613年就被载入鲁国的史书《春秋》中，这是世界上关于哈雷彗星

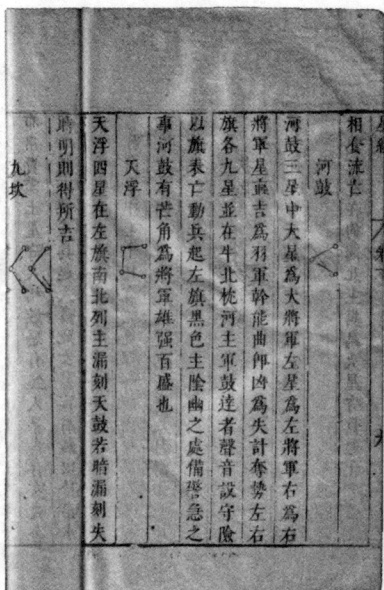

最早的记录。而西方一直到1682年才由哈雷发现，比中国晚了两千多年。

战国时期还出现了天文学专著，如齐国的天文学家甘德著的《天文星占》和魏国人石申著述的《天文》，后人将这两部著作合为一部，称作《甘石星经》。这是我国也是世界上现存最早的一部天文学著作。甘德还用肉眼发现了木星的卫星，比意大利天文学家伽利略在1609年用天文望远镜发现该星早两千多年。石申发

现了日食、月食是天体相互掩盖的现象，这在当时也是难能可贵的。为了纪念石申，月球上有一座环形山就是以他的名字命名的。

2.物理

在物理学方面，《墨子》中的《墨经》记载了大量的物理学知识。其中有对杠杆原理和浮力理论的叙述，还有对声学和光学的记载，反映了春秋战国时期物理学发展的重大成就。

(五)医学

春秋战国时代的医学由于文化的空前繁荣，也得到了相当快的发展。其中最具代表性的当属扁鹊和他的"四诊法"。

扁鹊（前407—前310），姓秦，名越人，齐国渤海莫（今河北任丘）人，战国时代名医。扁鹊是中国传统医学的鼻祖，对中医药学的发展有着特殊的贡献。

扁鹊治病行医有"六不治"原则：一是依仗权势，骄横跋扈的人不治；二是贪图钱财，不顾性命者不治；三是暴饮暴食，饮食无常者不治；四是病深不早求医者不治；五是身体虚弱不能服药者不治；六是相信巫术不相信医道者不治。扁鹊在总结前人医疗经验的基础上创造出望（看气色）、闻（听声音）、问（问病情）、切（按脉搏）的诊断疾病的方法。在这四诊法中，扁鹊尤擅长望和切。当时，扁鹊的切脉技术高超，名扬天下。扁鹊在诊

视疾病中，已经应用了中医全面的诊断
技术，即后来中医总结的四诊：望诊、闻
诊、问诊和切诊，当时扁鹊称它们为望
色、听声、写影和切脉。这些诊断技术，
充分地体现在史书记载的他的一些治病
案例中。他精于望色，通过望色判断病症
及其病程演变和预后。最典型的例证就
是扁鹊见蔡桓公。他晋见蔡桓公时，通过
望诊判断出桓公有病，但是病情尚浅，只
停留在肌肤表面。他劝桓公接受治疗，如
不治则病情将会加深。桓公自我感觉良
好，拒绝治疗。不久，扁鹊再度晋见桓公
时，指出其病情已加重，病位已进展到血

脉，再次劝说其接受治疗，以免病情进一步发展。桓公仍然拒绝治疗，心中不悦，认为扁鹊在炫耀自己，并以此牟利。当扁鹊第三次晋见他时，认为病情已经恶化，病位进入到肠胃，如不及时治疗，终将难治。桓公仍不予理睬。最后一次，扁鹊通过望诊，判断桓公病情危重，已进入到骨髓深处，病入膏肓，无法救治。果然不出所料，桓公不久即发病，终于不治而死。此病例说明扁鹊当时已经能很好应用望诊, 而且诊断水平相当高。扁鹊年轻时虚心好学, 刻苦钻研医术, 积累了丰富的医疗经验, 为百姓解除痛苦, 故赵国劳动人民送他"扁鹊"的称号, 以赞扬他精湛的医术。

文化是一定时期的政治、经济的反映。春秋战国时期, 经济的发展, 推动了科学技术的进步, 社会的变革, 促成了思想的空前活跃和文学艺术的繁荣。

五、春秋小典故

(一) 亡羊补牢

这个故事出自《战国策》。战国时代，楚国有一个大臣，名叫庄辛，有一天他对楚襄王说："您在宫里面的时候，左边是州侯，右边是夏侯；出去的时候，鄢陵君和寿陵君又总是随从着您。您和这四个人奢侈淫乐，不管国家大事，郢（楚都，在今湖北省江陵县北）一定会很危险！"

戰國策卷第一

東周

高誘注

秦興師臨周而求九鼎周君患之以告顏率顏率
曰大王勿憂臣請東借救
於齊顏率至齊謂齊王曰夫秦之為無道也
欲與兵臨周而求九鼎周之君臣內自盡
計與秦不若歸之大國夫存危國美名也得九鼎
厚實也願大王圖之齊王大悅發師五萬人使陳臣
思將以救周而秦兵罷齊將求九鼎周君又患之顏
率曰大王勿憂臣請東解之顏率至齊謂齊王曰周
賴大國之義得君臣父子相保也願獻九鼎不識大

襄王听了，怒骂道："你老糊涂了吗？故意说这些险恶的话惑乱人心？"庄辛不慌不忙地回答说："我确实预感到事情一定会发展到这个地步的，不敢故意说楚国有什么不幸。但如果您一直宠信这些人，楚国一定要灭亡的。您既然不信我的话，请允许我到赵国躲一躲，看事情究竟会怎样。"庄辛到赵国才住了五个月，秦国

果然派兵侵楚，襄王被迫流亡到阳城（今河南息县西北）。这时才觉得庄辛的话不错，赶紧派人把庄辛找回来，问他有什么办法；庄辛很诚恳地说："我听说过，看见兔子想起猎犬，这还不晚；羊跑掉了才补羊圈，也还不迟。"这是一则很有意义的故事，只知道享乐，不知道如何做事，其结果必然是惨败。"亡羊补牢"这句成

语，便是根据上面两句话而来的，表明处理事情发现错误之后，如果赶紧去挽救，时间还来得及。

（二）一鸣惊人

战国时代，齐国有一个名叫淳于髡的人。他的口才很好，也很会说话。他常常用一些有趣的隐语，来规劝君主，使君主不但不生气，而且乐于接受。当时齐国的威王，本来是一个很有才智的君主，他在即位以后，却沉迷于酒色，不管国家大事，每日只知道饮酒作乐，把国家大事都交给大臣去办理，自己则不闻不问。因此，政治腐败，官吏们贪污失职，各国的诸侯也都趁机来侵犯，使得齐国濒临灭亡的边缘。齐国的一些爱国之士虽然都十分担心，却都因为畏惧齐王，所以没有人敢劝谏。淳于髡想了一个计策，准备找个机会来规劝齐威王。有一天，淳于髡见

到了齐威王，就对他说："大王，为臣有一个谜语想请您猜一猜：齐国有只大鸟，住在大王的宫廷中，已整整三年了，可是他既不振翅飞翔，也不鸣叫，只是毫无目的地蜷缩着，大王您猜，这是一只什么鸟呢？"齐威王本是一个聪明人，一听就知道淳于髡是在讽刺自己。但他并不是一个昏庸的君王，沉思了一会儿，毅然决定要振作起来，做一番轰轰烈烈的事业，因此他对淳于髡说："这一只大鸟，你不知道,它不飞则已,一飞就会冲到天上去;它不鸣则已,一鸣就会惊动众人,你慢慢等着瞧吧!"从此齐威王不再沉迷于饮酒作乐,而是开始整顿国事。结果全国上下很快就振作起来,到处充满蓬勃的朝气。

(三) 狐假虎威

战国时代,在楚国最强盛的时候,

楚宣王曾为了当时北方各国都惧怕他的大将昭奚恤的事情而感到奇怪。因此他便问朝中大臣，这究竟是为什么。当时，有一位名叫江乙的大臣，向他叙述了下面这段故事："从前在某个山洞中有一只老虎，因为肚子饿了，便跑到外面寻觅食物。当它走到一片茂密的森林时，忽然看到前面有只狐狸正在散步。它觉得这正

是个千载难逢的好机会, 于是, 便一跃身
扑过去, 毫不费力地将狐狸擒过来。可是
当它张开嘴巴, 正准备把那只狐狸吃进
肚子里的时候, 狡黠的狐狸突然说话了:

'哼! 你不要以为自己是百兽之王, 便敢
将我吞食掉; 你要知道, 天帝已经命令我
为王中之王, 无论谁吃了我, 都将遭到天
帝极严厉的制裁与惩罚! '老虎听了狐狸
的话, 半信半疑, 可是, 当它斜过头去,
看到狐狸那副傲慢镇定的样子, 心里不

觉一惊。原先那股嚣张的气焰和盛气凌人的态势，竟不知何时已经消失了大半。虽然如此，它心中仍然在想：我因为是百兽之王，所以天底下任何野兽见了我都会害怕。而它，竟然是奉天帝之命来统治我们的！这时，狐狸见老虎迟疑着不敢吃它，知道它对自己的那一番说词已经有几分相信了，于是便更加神气十足地挺起胸膛，指着老虎的鼻子说：'怎么，难道你不相信我说的话吗？那么你现在就跟我来，走在我后面，看看所有野兽见了我，

是不是都吓得魂不附体，抱头鼠窜。'老虎觉得这个主意不错，便照着去做了。于是，狐狸就大模大样地在前面开路，而老虎则小心翼翼地在后面跟着。它们走没多久，就隐约看见森林的深处，有许多小动物正在那儿争相觅食，但是当它们发现走在狐狸后面的老虎时，不禁大惊失色，四散奔逃。这时，狐狸很得意地掉过头去看老虎。老虎目睹这种情形，不禁也有一些心惊胆战，但它并不知道野兽们怕的是自己，而以为它们是怕狐狸呢！狡狐之计

是得逞了，可是它的威势完全是因为假借虎威，才能凭借一时有利的形势去威胁群兽。而那可怜的老虎被人愚弄了，自己还不自知呢！因此，北方人民之所以畏惧昭奚恤，完全是因为大王的兵权掌握在他的手里，也就是说，他们畏惧的其实是大王的权势呀！"从上面这个故事，我们可以知道，凡是借着权威的势力欺压别人，或者凭借职务上的便利作威作福的，都可以用"狐假虎威"来形容。

（四）毛遂自荐

在战国的时候，有权有势的人很喜欢供养一些有才能的人，以增强自己的势力，在需要有人出主意的时候，就让他们策划谋略，替自己解决问题。这样的人被称作食客，也叫门下客。赵国的平原君势力庞大，家中养了几千名食客。其中有位叫毛遂的食客，待了三年，都没有什么特

别的贡献，平原君虽然觉得很奇怪，却也没有埋怨，任由他在家中吃住。后来，赵国的国都邯郸被秦军包围，情势非常危急。于是赵王派平原君到楚国，劝说楚王和赵国合作，共同出兵对抗秦国。平原君回家后，准备从食客中选出20个文武全才的人一同前往，可是选来选去只有19人合格，还差一个人。平原君正伤脑筋，毛遂突然走上前对平原君说："我是最适合的人选，愿意跟从公子前往。"平原君说："有才能的人在人群中，就好像一把锋利的锥子放在袋子里，立刻就会穿破袋子，显露锋芒。而你在我这三年，却没有杰出的表现，我看你还是留下吧！"毛遂回答："我是现在才要进入袋子里，不然我这把锥子早就穿破袋子，显露出它的锋利，而且连锥柄都要穿出袋子了。"平原君一时之间也找不到合适的人选，于是就带着毛遂等20人赶往楚国。见到楚王，平原君说明了局势和利害得失，费

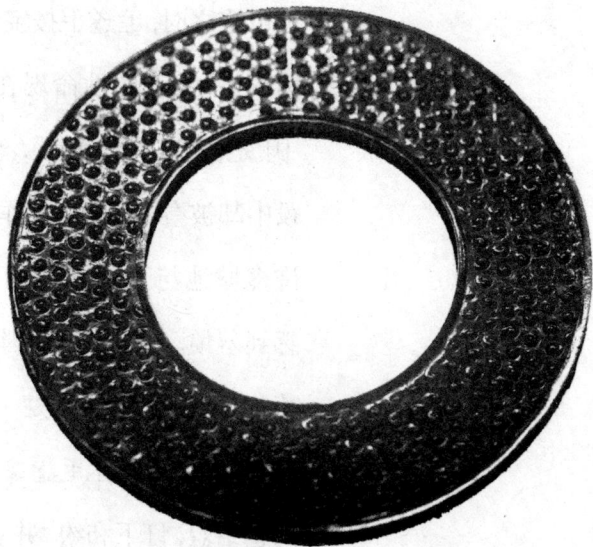

尽口舌，却都无法说服楚王，同行的19名
食客也没有办法说服楚王。正当大家无
计可施之时，毛遂手按宝剑，走到楚王面
前说："大王的性命现在掌握在我的手
中！楚国有几百万精兵，然而在上次的战
役中却被秦国几万人的军队打败，夺去了
许多城池与土地，连我们赵国都替你们
感到羞愤。赵国提议两国联合抗秦，是在
替你们楚国报仇。"楚王听了觉得毛遂
说得有理，再加上毛遂拿着宝剑威胁，就
同意结盟，订下和约。并立刻发兵支持赵

国，解了邯郸之围。从此，平原君不敢再小看毛遂，而是把他当做上宾招待。

（五）杞人忧天

从前在杞国，有一个胆子很小，而且有点神经质的人，他常会想到一些奇怪的问题，让人觉得莫名其妙。有一天，他吃过晚饭以后，拿了一把大蒲扇，坐在门前思量，并且自言自语地说："假如有一天，天塌了下来，那该怎么办呢？我们岂不是无路可逃，而将被活活地压死，这不就太冤枉了吗？"从此以后，他几乎每天为这个问题发愁、烦恼，朋友们见他终日精神恍惚，脸色憔悴，都很替他担心，但是，当大家知道原因后，都跑来劝他说："老兄啊！你何必为这件事自寻烦恼呢？天空怎么会塌下来呢？再说即使真的塌下来，那也不是你一个人忧虑发愁就可以解决的啊，想开点吧！"可是，无论人家怎么说，他都不相信，仍然时常为这个不

必要的问题担忧。后来的人就将上面这个故事引申为"杞人忧天"这句成语，它的主要意义在于提醒人们不要为一些不切实际的事情而忧愁。

（六）买椟还珠

春秋时代，楚国有一个专门卖珠宝的商人，有一次他到齐国去兜售珠宝，为了使珠宝畅销，特地选用名贵的木料，造成许多小盒子，把盒子雕刻装饰得非常精致美观，使盒子会发出一种香味，然后把珠宝装在盒子里面。有一个郑国人，看见装宝珠的盒子既精致又美观，问明了价钱后，就买了一个，打开盒子，把里面的宝物拿出来，退还给珠宝商。人们借这个成语批评郑国人只重外表而不顾实质，使他做出了舍本求末的不当取舍。

(七) 抱薪救火

　　战国时代，魏国经常受到秦国的侵略。魏国的安釐王即位后，秦国加紧了进攻，魏国连连战败。安釐王元年，秦国进攻魏国，魏国失去了两座城镇；第二年，魏国又失去了三座城镇。不仅如此，秦国的军队当时还直逼魏国的都城，形势十分危急。韩国派兵来救，但也被秦军打败。魏国没有办法，只得割让了土地，才算了结了战争；可是到了第三年，秦国又发动进攻，强占了魏国的两座城镇，并杀死了数万人。第四年，秦国更把魏、韩、赵三国的军队打得大败，杀死兵士15万人，魏国的大将芒卯也因此失踪。魏国军队的接连败北，使安釐王坐卧不安。此时，魏国军队的另一位大将段干子也十分恐惧，为了苟安，便向安釐王建议，把

南阳割给秦国，请求罢兵议和。安釐王本
来就对秦军的进攻十分害怕，以为割让
土地就可以求得太平，便照着段干子的
话做了。当时有个叫苏代的人，是一贯主
张"合纵抗秦"的苏秦的弟弟，他极力主
张各诸侯国联合起来抵抗秦国。苏代得
知魏国割地求和的事后，就对安釐王说：

"侵略者贪得无厌，你这样用土地换取和平是根本不可能的，只要你国土还在，就无法满足侵略者的欲望。这好比抱着柴草去救火，柴草一把一把地投入火中，火怎么能扑灭呢？柴草一天不烧完，火是一天不会熄灭的。"但安釐王不肯听从苏代的话，仍然一味割地求和，这样没过多少年，魏国就被秦国灭了。

（八）三人成虎

战国时代，诸侯国互相攻伐，为了使大家真正能遵守信约，国与国之间通常都将太子交给对方作为人质。《战国策》记载魏国大臣庞恭，将要陪魏太子到赵国去做人质，临行前对魏王说："现在有一个人说街市上出现了老虎，大王觉得可信吗？"魏王道："我不相信。"庞恭说："如果有第二个人说街市上出现了老虎，

大王可相信吗？"魏王道："我有些将信将疑了。"庞恭又说："如果有第三个人说街市上出现了老虎，大王相信吗？"魏王道："我当然会相信。"庞恭就说："街市上不会有老虎，这是很明显的事，可是经过三个人一说，好像真的有了老虎了。现在赵国国都邯郸离魏国国都大梁，比这里的街市远了许多，议论我的人又不止三个，希望大王明察才好。"魏王道："一切我自己知道。"庞恭陪太子回国后，魏王果然没有再召见他了。集市是人口集中的地方，当然不会有老虎。说集市上有虎，显然是造谣、欺骗，但许多人都这样说了，往往会让人信以为真。这故事本来是讽刺魏惠王无知的，但后人将这故事引申为"三人成虎"这句成语，比喻有时谣言可以掩盖真相。

（九）上下其手

春秋时期楚襄王二十六年，楚国出兵侵略郑国。以当时楚国的强大，弱小的

郑国实在没有能力抵抗，结果，郑国战败，郑大夫皇颉也被楚将穿封戌俘虏了。战事结束后，楚军中有楚王弟公子围，想冒认俘获郑大夫皇颉的功劳，说郑皇颉是他俘获的，于是穿封戌和公子围二人发生了争执，彼此都不肯让步，一时没有办法解决。后来，他们便请伯州犁作公证人，判定这是谁的功劳。伯州犁的解决办法本来是很公正的，他主张要知道这是谁的功劳，最好是问问被俘的郑皇颉。于

是命人带了郑皇颉来，伯州犁便向他说明原委，接着手伸二指，用上手指代表楚王弟公子围，用下手指代表楚将穿封戌，然后问他是被谁俘获的。郑皇颉因被穿封戌俘虏，很是恨他，便指着上手指，表示是为公子围所俘虏。于是，伯州犁便判定这是公子围的功劳。"上下其手"这句成语便是出自这个故事，表示欺瞒作弊、颠倒是非。

（十）一暴十寒

战国时代，百家争鸣，游说之风，十分盛行。一般游说之士，不但有高深的学问、丰富的知识，尤其是以深刻生动的比喻讽劝执政者的特点最为突出。孟子也是当时的一个著名辩士。在《孟子》中有这样的记载：孟子对齐王的昏庸、做事没有长性、轻信奸佞谗言很不满，便不客气地对他说："大王很不明智，天下虽有生命力很强的生物，可是你把它在阳光下晒了一天，然后又放在阴寒的地方冻了十天，它哪里还活得成呢！我跟大王在一起的时间是很短的，大王即使有了一点从善的决心，可是我一离开你，那些奸臣又来哄骗你，你又会听信他们的话，叫我怎么办呢？"后来人们便将孟子所说的"一日暴之，十日寒之"精简成"一暴十寒"这句成语，用来比喻求学、做事没有恒心，半途而废的人和事。